AF283755

EL TALLER DE ELBA · 28

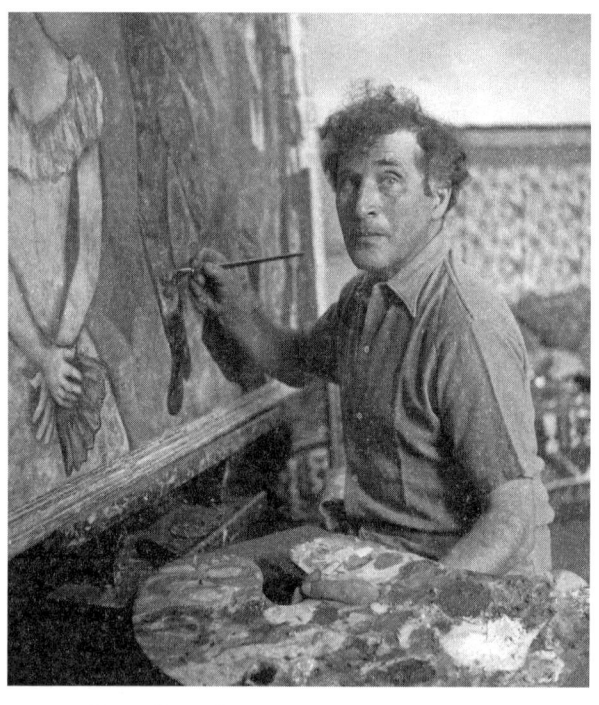

Marc Chagall en su estudio de París, 1934

André Pieyre de Mandiargues

CHAGALL

Traducción de
Guillem Usandizaga

(ELBA

CONTENIDO

Nota a la edición

La galería Maeght, fundada en París en 1945, era en los años setenta la galería más reputada de Europa. Con sus sedes en Zúrich, Barcelona y Nueva York, representaba a artistas procedentes de los más variados horizontes, como Miró, Braque, Giacometti, Calder, Tàpies, Chillida, Noguchi, Palazuelo, Kienholz, Bacon o el propio Chagall.

Al igual que Kahnweiler y Ambroise Vollard, Aimé Maeght se consideraba ante todo editor. Los artistas que formaban parte de su entorno eran tanto poetas como pintores y escultores. Con el fin de reunirlos, empezó a publicar regularmente libros de gran formato destinados a un público bibliófilo en los que los poemas o relatos de escritores célebres acompañaban grabados originales de los artistas de la casa. En paralelo, desarrolló otra línea editorial de monografías consagradas a los distintos artistas. Éstas, profusamente ilustradas, acostumbraban a publicarse simultáneamente en francés, inglés y alemán (en alguna ocasión, también en español, aunque no fue el caso del *Chagall* de Pieyre de Mandiargues) y gozaban de una amplia difusión en librerías.

Aimé Maeght y Jaques Dupin, que en ese momento era su estrecho colaborador, elegían cuidadosamente a los autores a los que encargaban los textos. Por lo general se trataba de poetas, no de historiadores del arte. La idea del editor era siempre aunar dos artistas del mismo calibre, uno que escribiera y otro que pintara. Más que análisis racionales, buscaba textos inspirados. Éste es claramente el caso del texto de Pieyre de Mandiargues, que bien hubiera podido titularse «Chagall y los poetas» y que se publica por primera vez en español.

JEAN FRÉMON
París, junio de 2024

I

Chagall cuenta que Léger y Delaunay le reprocharon en el pasado (antes de 1914) que era un pintor «literario». Si me parece significativa esta banal anécdota hasta el punto de convertirla en la frase inicial del libro que me he propuesto escribir sobre un tema especialmente estimulante, Chagall y su obra, es porque muestra la irritación o el despecho, el desprecio o la envidia, exhibidos por los artistas que son sobre todo esbirros ante quienes ponen sus manos al servicio de su inteligencia o de un gran sueño apasionado. Me han dicho, y me seguirán diciendo, que, como soy escritor y (más peyorativamente) «literato» e «intelectual», prefiero la segunda especie a la primera. No está nada claro. Creo que no falto a la verdad si escribo que rara vez he estado en desacuerdo con los simples, los inocentes o los primitivos (que, por otro lado, no son ni simples ni inocentes), y que las reacciones de éstos o de aquéllos no han contradicho las mías al observar juntos cosas pintadas, dibujadas, esculpidas, modeladas o tejidas de modo que entraran en una de las innumerables categorías de lo que llamamos arte, con mayúscula o minúscula.

La literatura corriente, por desgracia, está tan desprovista de fantasía como la pintura corriente, en Francia de forma un poco más triste que en otras partes. Y los inocentes, que serían incapaces de distinguir entre lo que es «literario» y lo que no lo es, aceptan lo corriente con resignación, a la vez que están fascinados por lo extraordinario. Para ellos y para mí, a primera vista, Chagall es un creador único y maravilloso porque tiene el don y el oficio de hacer saltar todo por los aires mejor y más alto que cualquier otro que conozcamos o que hayamos conocido. ¡Mejor para los inocentes! ¡Mejor para mí, estoy tentado de decir con cierta presunción! ¡Mejor, sobre todo, para Chagall!

La moda del surrealismo (o la alta cotización de los cuadros y de los objetos producidos por el dadaísmo y por el grupo en cuestión) ha conducido a muchos pintores contemporáneos no sólo a despreciar el realismo y a desdeñar la perspectiva, sino sobre todo a buscar el absurdo y a esforzarse por desconcertar la razón por todos los medios posibles. Algunos, dotados para este tipo de acción todavía liberadora, aunque haya dejado de ser revolucionaria, han llevado a buen término su cometido y se inscriben, pues, en una línea postsurrealista, o incluso verdaderamente surrealista. De la mayoría de los demás, por desgracia, hay que reconocer que son o serán víctimas de su artificio y que, pasada la moda en que se inspiran, puede que sus trabajillos, en el mejor de los casos, hagan sonreír, y en el peor, apiadarse. Si menciono aquí al rebaño actual de seguidores de la moda es para ponderar mejor la palabra «literario», que puede tomar el significado de artificial. Nos parece casi imperdonable que Léger y Delaunay no hubieran visto enseguida lo que debería habérseles revelado a primera vista: Chagall es el menos artificial, quizás, de los pintores de nuestra época, que sin excepción han andado a tientas más que él antes de avanzar; la tendencia de Chagall a lo extraordinario y lo irracional es absolutamente pura, totalmente desprovista de reflexión o de cálculo; el arte de Chagall es fantástico con tanta naturalidad y espontaneidad como el movimiento de la flor que brota y luego se abre al sol, y que dejará caer los pétalos para convertirse en fruto y semilla. Concedamos a Chagall el hermoso título de espíritu de la naturaleza, como un dios Pan viviente, pero no es un motivo menor de mi admiración añadir que me parece un pintor de la ciudad o cuando menos de los lugares humanizados más que de los sitios salvajes, y que su pincel se convierte, pues, en una suerte de varita pánica, capaz de hechizar e incluso embrujar los paisajes urbanos. Valga como prueba, claro está, lo que hizo de Vítebsk y más adelante de París, que nunca fue tan «órfica» como en sus telas, mal que le pese a Delaunay...

En relación con el surrealismo, del que acabamos de hablar, Chagall pasa a mi juicio por un pariente cercano y un precursor. Sabemos que, en su primer regreso a París, después de 1923, recibió la visita de varios miembros del grupo, entre los que estaban Éluard y Max Ernst, que intentaron que se adhiriera a su movimiento. En vano, por varias razones, las principales de las cuales parecen haber sido la repugnancia de Chagall por la práctica del automatismo en el arte y la desconfianza de los surrealistas ante el misticismo del que nunca ha dejado de nutrirse la inspiración del pintor. Hubo, pues, una ruptura, y luego, por parte de los surrealistas, la apertura de hostilidades, que por otro lado no llegaron lejos. André Breton se encontraría con Chagall en los Estados Unidos, donde ambos habían buscado refugio durante los años de la ocupación alemana; entonces conocería verdaderamente al pintor y su arte. El testimonio que nos ofrece, en un texto de 1941, es conmovedor:

Su explosión lírica completa data de 1911. Es entonces cuando la metáfora, por obra suya y sólo suya, hace su entrada triunfal en la pintura moderna. Para completar la inversión de los planos espaciales preparada antes por Rimbaud y a la vez liberar al objeto de las leyes de la pesadez, de la gravedad, derribar la barrera de los elementos y los signos, en Chagall la metáfora encuentra primero un soporte plástico en la imagen hipnagógica y en la imagen eidética (o estética), que iba a ser descrita más tarde con todas las características que Chagall supo atribuirle. No ha habido nada más decididamente mágico que esa obra, cuyos admirables colores del prisma captan y transfiguran el tormento moderno, reservando la antigua ingenuidad para la expresión de lo que en la naturaleza proclama el principio de placer: las flores y las expresiones de amor.

Un oportuno retoque en el texto magníficamente sensible, el cambio de «místico» a «mágico», bastó para que estuviéramos de acuerdo. Chagall, si lo hubiera deseado, habría podido entrar en el nuevo grupo surrealista que se había formado en torno a Breton en Nueva York, y seguramente habría aportado al movimiento más de lo que habría recibido de él. Pero, de todos los artistas, Chagall es uno de los menos propensos a la disciplina del que jamás hayamos tenido noticia, y creo que, además, era demasiado listo, sin abandonar el candor más tierno, para no entrever los desacuerdos que se habrían producido entre él y los otros miembros del grupo. Siguió, pues, su camino, que fue durante un tiempo paralelo al de André Breton y compañía, hasta que ambos divergieron de nuevo, como era inevitable.

Surrealismo aparte, en esta ocasión no podemos sino quedarnos asombrados ante la clarividencia y la inteligencia del breve texto de André Breton, que se diría asimismo escrito en los colores del arcoíris, de tan descriptivas como son sus palabras sobre el tema, que es la pintura de Chagall. En Nueva York, durante esa especie de exilio o de confinamiento, la mirada del fundador del surrealismo no había perdido un ápice de agudeza, ni su mente un ápice de ese poder de expresión al que debemos muchos pensamientos puestos por escrito con la mayor brillantez de que es capaz la lengua francesa. Ejemplo de esa brillantez es la última frase del texto citado, tan perfectamente rotunda, en su inteligencia y en su intensa concordancia de significado y sonoridad, que contiene y representa toda la obra pasada o venidera de Chagall y que, en buena lógica, vuelve inútiles o redundantes todos los comentarios hechos después de ella sobre esa obra, entre otros el librito que intento escribir… Breton, es bien sabido, veía en la metáfora el elemento esencial de la poesía. Incluso si uno, como yo, no comparte esa opinión demasiado excluyente, si uno se ha dado cuenta de que Éluard, seguramente el mejor poeta del surrealismo, usaba bastante poco la metáfora, nunca negará el esplendor de esas grandes imágenes que, gracias a la inspiración lírica, parecen volar muy por encima del lenguaje humano, en el más alto de los cielos (siete o nueve, según las tradiciones de Oriente y de Occidente, nueve en los pueblos más antiguos de México y trece en los aztecas) que dominan la tierra donde tras Babel el verbo soberano se ha dispersado. Fuegos de artificio del lenguaje poético, fuegos de artificio de la pintura poética, el artificio, concebido así, es sobrehumano; uno está tentado de decir que sobrepasa lo natural o que lo somete a una especie de transmutación sublime; uno acaba por reconocer en la metáfora una operación que tiene que ver con la alquimia más que con la retórica. Espero no sorprender a nadie al escribir aquí que, animado por las palabras de Breton, nunca he dejado de hablar de Chagall.

Porque Chagall es para mí, en la época contemporánea, el pintor poeta por excelencia; porque no sé de ningún artista moderno cuya obra sea poesía con tanta naturalidad y acierto, sin por ello encontrarse en absoluto disminuida en el plano estrictamente pictórico, el del color, la materia, el trazo, la forma y la composición de las formas. Ningún ejemplo es mejor que el suyo para desmentir el punto de vista demasiado excluyente de los fanáticos de la mano a costa del espíritu, ya que los dedos de éstos son tan o más hábiles que los suyos, y tanto mejor para él, claro está, si a los suyos los guía espontáneamente una inteligencia superior y una sensibilidad hacia las maravillas de la vida que sólo comparte con los mejores poetas entre los que manejan la pluma. Ante todo, lo que quisiera dejar claro aquí es la distancia que separa al artista que es un poeta del que es sobre todo un intelectual. Sin estar necesariamente destinado a la irrelevancia, el segundo siempre está marcado por los esfuerzos para llevar su obra hacia el significado que querría que presentara, o por los límites en los que la encierra para que no corra el riesgo de ilustrar algo distinto a las ideas en que se basa. Mientras que el primero, el poeta, y en el caso de Chagall con más vigor que los demás representantes de la especie, no podría tocar la tela virgen con su pequeño manojo de pelos portador de colores sin que nazca en ella la imagen y el tema líricos que se encuentran en el fondo de su conciencia con una suerte de tensión ardiente que los obliga a expresarse en el lienzo, igual que a otros les ocurre con las palabras sobre el papel. «Que los obliga», he escrito, espero que razonablemente, con la intención de mostrar la extraordinaria espontaneidad con la que siempre se ha llevado a cabo y no ha dejado en absoluto de llevarse a cabo, hoy a la edad de ochenta y seis años, la labor pictórica y poética de Marc Chagall. Querría que a este hombre, cuya obra es como la propia poesía, lo hubieran escuchado hablar de poesía todos los admiradores y todos los coleccionistas de sus cuadros. Los poetas, se ha dicho a veces, no sin ironía, sólo escriben para ser leídos por sus colegas de gremio. No nos asombremos, pues, de la simpatía que de entrada sentía Chagall, poeta de la tela, de la paleta y del pincel, por quienes en cierto sentido eran sus colegas o, utilizando una palabra más rusa y que prefiero, sus camaradas: los poetas del papel, de la pluma y de las nobles letras de imprenta. Uno y otros son hermanos de espíritu y de sueños.

Hacer de su obra el espejo iluminado de su vida, de la vida de las mujeres y de los hombres a quienes apreció o a quienes apreciaba, de la vida de todos los hombres si todos cayeran indistintamente bajo la dominación de este principio genial al que también se llamó el ángel o el demonio de la poesía, he aquí, no la voluntad de Chagall cumplida con esfuerzo a lo largo de los años, sino el resultado sencillamente natural del crecimiento de un cuerpo y un espíritu nacidos en Vítebsk el 7 de julio de 1887 (o eso parece), bajo el signo zodiacal de Cáncer, del que, por una vez, los rasgos esenciales no se perciben demasiado en la vida del sujeto. Marcel Arland cuenta que la hija de Chagall, Ida, le dio a leer unas páginas en que la madre de ésta, Bella, mencionaba al joven que llegaría a ser su prometido, un joven pintor un poco loco a ojos de la gente corriente y que ya volaba por encima de los puentes de su ciudad natal o de los de San Petersburgo. Tanto en lo concreto como en el mito, Chagall se revela en efecto como el más aéreo de los artistas modernos: un espíritu del aire, un elfo, y también un espíritu del fuego, una salamandra. ¿Se burlarán de mí si escribo que hubiera sentido curiosidad por ver un horóscopo bien hecho de este individuo magnífico? Por desgracia, la falta de precisión del registro civil de la santa Rusia no permite satisfacer ese deseo.

La palabra *poesía* hace que los hermosos ojos algo rasgados de Chagall se agranden y brillen, y la sonrisa se acentúe en sus labios de trazo algo etrusco. Enseguida habla de todos los poetas que ha conocido, de los que le han apreciado, de los que él apreció y aprecia. Poetas de su país, de los que compartieron con él la exaltación de los primeros años de la revolución leninista, sus amigos son los que leemos con más emoción hoy en día y en nuestro metro ideal sus nombres son como estaciones esenciales donde la mirada se detiene largamente. Aleksandr Blok, Yesenin, Mayakovski, Pasternak, creo que a esta lista tan breve como esplendorosa hay que añadir el nombre del que seguramente es el más fastuosamente metafórico de los poetas de nuestro tiempo, el joven Andréi Voznesenski, cuyas invenciones a menudo son chagallianas en sumo grado. ¿Citaré estas líneas, tomadas de su poema *Oza*? «Del espejo, con la cabeza hacia abajo, cuelgan los invitados como carámbanos de canalón. En el centro del techo, tierno como una ubre de vaca, está suspendido el pastel rosa, repleto de velas.» Sí. Pero también creo que de entre todos ellos, en la memoria del pintor, Blok sigue siendo el predilecto. Durante su primera estancia en París, sabemos que Chagall conoció a Apollinaire, Cendrars, Mazin, al italiano Canudo, a André Salmon, a Max Jacob; más adelante habría de conocer a Reverdy, y luego a los surrealistas Breton, Aragon y Éluard (en épocas y en circunstancias varias, generalmente independientes del movimiento surrealista), así como a Supervielle y Cocteau, a los que habría que añadir a Bonnefoy, a Dupin y (así lo desearía) a Mandiargues. Si aceptamos que los pintores tienen a sus poetas y los poetas a sus pintores, y que esos vínculos de admiración afectiva y de comprensión entusiasta son muy importantes para unos y otros, entonces ésos son, salvo algún olvido, los poetas de Chagall.

El pintor, en todo caso, es fiel a todos sus poetas, a los que recuerda con una ternura dispar, como es justo y natural. Habría que ser ruso para hablar con él de los rusos. Volvamos, pues, a los franceses, a Cendrars y a Apollinaire (¡aún no naturalizados entonces, perdón!), con los que Chagall trató mientras tenía cerca de la calle Vaugirard el taller de La Ruche, entre los años 1911 y 1914; volvamos a los que fueron los primeros en reconocer su genio principesco y saludarlo regiamente. De los *Diecinueve poemas elásticos* de Cendrars, es obligado citar entero, ya que no admite cortes, «Retrato», de octubre de 1913:

Duerme
Está despierto
De pronto pinta
Coge una iglesia y pinta con una iglesia
Coge una vaca y pinta con una vaca
Con una sardina
Con cabezas, manos, cuchillos
Pinta con un tendón de buey
Pinta con todas las sucias pasiones de una pequeña ciudad judía

Con toda la sexualidad exacerbada de las pro-
vincias rusas
Para Francia
Sin sensualidad
Pinta con los muslos
Tiene los ojos en el culo
Y de pronto es tu retrato
Eres tú, lector,
Soy yo
Es él
Es su novia
Es el tendero de la esquina
La vaquera
La comadrona
Hay cubetas de sangre
En ellas se lava a los recién nacidos
Cielos de locura
Bocas de modernidad
La Torre en tirabuzón
Hay Manos
Está Cristo
Cristo es él
Ha pasado la infancia en la Cruz
Se suicida todos los días
De pronto ya no pinta más
Estaba despierto
Ahora duerme
Se estrangula con la corbata
A Chagall le asombra seguir viviendo.

Quizás Chagall nunca dejó de estar asombrado de vivir; quizás por eso nunca ha dejado, para deleite nuestro, de pintar la vida de una manera más poética y fantástica que el resto de los pintores; quizás sólo creemos verdadera y vivamente en lo que nos asombra… Chagall, en cualquier caso, creyó en Cendrars y lo apreció. Cuando el poeta murió, en la soledad en que se había atrincherado voluntariamente en 1961, Chagall hizo estas declaraciones en el *Figaro littéraire*: «Amo sus poemas como a mi ciudad natal, como a mi pasado, como a la luz del sol. Su alma y sus colores están en mi paleta, se lamentan y lloran». Hoy en día ambos hombres nos resultan inseparables. Cendrars, en el momento en que aparecía Chagall, supo verlo y formularlo definitivamente. Ahora Chagall pinta cuadros en los que se conserva algo que no es la lección, sino un poco más que el recuerdo o que la sombra del poeta desaparecido. «Su alma y sus colores están en mi paleta», he dicho que había escrito, y no podría escribir nada que sea la mitad de acertado y hermoso que eso.

Con Apollinaire, la armonía es menos intensa, las relaciones parecen haber sido algo menos estrechas, a pesar del conmovedor *gouache* de 1910 o 1911 que muestra al pintor y al poeta enlazados sobre una especie de colchón volador, en una habitación que la presencia animal transforma en arca de Noé. «A través de Europa», primero titulado «Rotsoge» por el primer verso, el poema que Apollinaire dedicó a Chagall poco después de haber visto sus cuadros y que fue publicado en varias revistas antes de ser incluido en *Caligramas*, quizás el poema más libre del siglo, según André Breton, mezcla curiosamente los temas o los motivos de cada uno antes de acabar con una proliferación de imágenes explosivas que sólo son del poeta. No deja de ser cierto que, tras más de medio siglo, para el observador actual Chagall y Apollinaire, sin haber hecho un largo camino juntos, no se presentan desunidos. Más que compañeros de viaje, son hermanos por el afán común de estar siempre a la vanguardia y por la necesidad de liberación total; son guías, conscientes de su misión: exponerse, provocar, derribar barreras y acabar con las leyes en desuso. Van a lo nuevo como los peces vivos al agua. No les molesta ser el blanco de los sarcasmos; al contrario, se diría que la pintura del uno y la poesía del otro se nutren de ello.

¡Qué cuadro tan hermoso, encantador y singular es *Le poète allongé* [*El poeta tumbado*], de 1915 (pintado, pues, en Rusia, justo después de abandonar París)! El caballo y el cerdo delante de la isba recuerdan a Rousseau (muy apreciado por

Chagall), sí, pero el poeta con las manos juntas como las de las efigies funerarias de los antiguos sepulcros, con la cabeza sobre la chaqueta puesta en la hierba, junto a su sombrero, calzado con fastuosos zapatos, ¿todo eso de dónde ha venido y cómo? ¿Chagall se ha pintado ahí como «poeta», según se dijo? No lo sé. Pero la cara, donde no hay nada que me sugiera un parecido, y la silueta me hacen pensar en las fotografías de Paul Éluard de la época de Suiza y el sanatorio; un Éluard a quien Chagall no había de conocer sino diez años más tarde y que, aún mucho más tarde, iba a encontrar en su pintura una inspiración esplendorosa.

> La noche es como un higo y la luz encendida
> Es su benigna herida y la puerta sensible
> Y las casas florecen para esconder la noche
> Y hacen una sombra los músicos de nieve
> Rosa roja lila azul
> Sobre los dos hemisferios
> Dos manos se han unido

escribe en uno de los poemas dedicados a Chagall. Y en otro:

> Hago girar la tierra en torno a tu placer
> Mi jardín se aureola en torno a tu rostro
> Y somos los primeros en soñar que volamos

Juntos y el universo
Nos sigue como un corcho sigue al pez capturado
Pero sin que la luz sufra por ello

Sólo son ventanas las nuestras
De donde sale vida donde todo penetra
En todas partes el centro del amor
Incesante la primera mirada

Nuestro nacimiento es perpetuo.

Evidentemente, a Éluard le gustaba demasiado el amor para no gustarle apasionadamente Chagall. Si su atención se desvió del pintor poco después de fijarse en él, seguramente se debe al aspecto a menudo religioso y al carácter casi siempre místico de una obra que poseía todo lo necesario para cautivarlo, pero tenía también con qué irritarlo bastante. Porque Éluard, como la mayoría de los surrealistas, nunca dejó de estar animado respecto al dios cristiano y su ancestro o su modelo, el dios de los judíos, de un odio particular, cercano a una animosidad personal. Sus preferencias que, en el ámbito del arte moderno, son Picasso y Max Ernst, se explican fácilmente por la nitidez con la que ambos se han mostrado siempre irreligiosos, o incluso antirreligiosos, en su actitud creadora, y en cuanto al primero por su materialismo sádico. Hemos constatado que, para los surrealistas, los dioses se hacían menos intolerables, casi creíbles, a medida que los lugares de culto se acercaban a las antípodas, que sus fieles se encontraban entre pueblos más primitivos y que el ángulo desde el que se los invocaba era mágico antes que místico. Numerosos contemporáneos nuestros piensan igual, y el vudú, por citar un ejemplo, goza de buena reputación tanto en París como en California. Pero no quisiera alejarme demasiado de Chagall y Éluard. Una alabanza que no me privaré de tributar al surrealismo es que, sobre todo bajo la autoridad de André Breton, nunca ha temido la ambigüedad ni la contradicción, que es una parte esencial de la dialéctica. Así, los surrealistas han sacado del olvido parcial a un compañero de Verlaine y de Rimbaud, Germain Nouveau, en el que podemos ver un poeta religioso, el poeta más místico, probablemente, de la segunda mitad del siglo XIX francés, uno de los celebrantes más altivos del amor que conozcamos. Más que admiración, era una especie de veneración lo que Éluard sentía por Nouveau, en consonancia total con el grupo surrealista, repito. Me parece bastante verosímil que el segundo descubrimiento del genio de Marc Chagall se haya apoyado, en la mente de Éluard, en el recuerdo de la antigua revelación de la poesía de

Germain Nouveau, que el pintor ruso tan bien habría podido ilustrar.

Entre los poetas de todos los tiempos, Éluard es uno de los que más se ha inspirado en la pintura y los pintores. Si hablo largamente de él aquí, es porque me parece que ha sentido el arte de Chagall y que lo ha trasladado a la poesía mejor que nadie, a excepción de Cendrars. Se diría que el pintor del amor y el poeta del amor han nacido el uno para el otro, igualmente aéreos en la inspiración de la pluma y en la del pincel, impulsivos como cambios de viento, inocentes y profundos sin que los marque nunca el esfuerzo, testigos de la facilidad del genio. ¿Y el último verso de Éluard que he citado no los define a la perfección a ambos? Nacientes perpetuos…

¿Habrá quien se asombre, o me darán la razón, si digo que el erotismo de la pintura de Chagall me parece tan deslumbrante como el de la poesía de Éluard? Igual que lo he leído en el poeta, veo en el pintor un imperioso furor amatorio que imprime a la exaltación de vivir, a la ebriedad de estar presente en esta tierra, una irresistible tentación de perder la cabeza y de arrojar la razón a una divagación liberadora. «Erótica regla infinita», escribe Éluard en otro poema dedicado a Chagall, en honor, pienso, de esta disciplina amorosa que por lo demás es una indisciplina total y que antaño fue celebrada por Gauguin, al que Chagall nunca cesó de rendir fiel homenaje. ¿Y cómo habría Éluard dejado de sentir entusiasmo por lo que se podría llamar la alta bestialidad del erotismo en la pintura de Chagall, esa fauna simbólica que encarna la violencia del deseo en el hombre y en la mujer, bajo el fuego abrasador del sol y bajo la luz glacial de la luna? ¿Cómo habría dejado de saludar la gran escena onírica en la que Chagall ha representado tan fantásticamente la conjunción del elemento masculino y el femenino, escena que sólo encuentra parangón en la ópera erótica más sublime que pueda escucharse, el *Don Giovanni* de Mozart (que a Chagall le encanta)? En fin, lo que saben Éluard y Chagall, a diferencia de un número demasiado elevado de cultivadores actuales del sexo en la pintura o en la literatura, es que éste sólo llega a su grado más alto de tensión tras el velo, y que la sugestión mediante la imagen (poética) es una especie de rezo o de hechizo por el que el simple objeto carnal de la observación realista se transfigura hasta dominar desde muy arriba a su soporte ordinario. Bestial y divino a la vez, el sexo, según Chagall, proyecta al hombre por encima de sí mismo, en el cielo sobrehumano. Un punto de vista místico, por supuesto; un punto de vista que como mínimo en parte se relaciona con la óptica religiosa ante la que Éluard había manifestado el rechazo inicial que conocemos.

Singular problema, el del «misticismo» de Chagall. Sabemos demasiado bien hasta qué punto esa palabreja ha dividido las sensibilidades y cómo ha bastado para brindar al pintor admiraciones y admiradores anodinos que la violencia de su arte debería haber repelido, cómo ha alejado de él a hombres que estaban hechos para apreciarlo y maravillarse ante su obra con el entusiasmo más absoluto. En realidad, hay tantos tipos de misticismos como especies de peces en los mares, igualmente diferenciados en su aspecto y, podríamos decir, en sus costumbres, apagadas las unas, brillantes y coloridas las otras. A la pregunta sobre si Chagall es un pintor místico, responderé que sí, sin duda, y añadiré que me parece el mayor y más original artista místico de la época moderna, para que se entienda claramente que mi respuesta es un elogio y no una crítica. Pensando en Matisse, al que admiro en extremo y al que Chagall no deja de admirar, lamento que ese hombre, que era todo lo contrario de un espíritu religioso, se dejara seducir por unos sacerdotes hasta el punto de decorar una capilla. Chagall, al contrario, se encuentra en su medio rodeado de una enorme exuberancia mística, como se encontraría un caballo en primavera en una pradera vasta y verde, y como se encontraba Germain Nouveau en el fasto de su piedad poética. El pintor no es un teólogo, es un apóstol del amor, que se exalta con toda la flora de amor que ha crecido en la religión de su pueblo y en todas las religiones del universo, que se frota con ella y la acaricia, que se nutre de ella ávidamente, que se echa o incluso se revuelca en ella como un animal, que salta encima y la sobrevuela con grandes impulsos angelicales. Si consideramos que justamente son ese tipo de impulsos los que dieron a su arte su principal originalidad y su modernismo más intenso; y si pensamos que es bastante probable que al repudiar desde un comienzo el realismo, Chagall haya seguido, más o menos voluntariamente, el tabú impuesto a sus ancestros por la ley mosaica; felicitaremos entonces al pintor por haber conservado una conciencia religiosa que tanto le ha servido, y con tanta naturalidad, en su trabajo de creador.

A propósito de su misticismo tan peculiar, todos los estudios dedicados a Chagall hablan del jasidismo, al parecer con razón; abordaré brevemente ese aspecto. Más que de una verdadera doctrina, da la impresión de que se trata de un intento de rejuvenecimiento del viejo mosaísmo, de una especie de despertar (como dicen los negros de los Estados Unidos), que empezó, a mediados del siglo XVIII, con Israel Baal Shem y que se extendió ampliamente entre los judíos de Europa oriental. En Vítebsk casi todos eran jasídicos, y desde luego la familia de Marc Chagall, que en las enseñanzas y en ciertas costumbres de la secta bien podría haber encontrado el pan cotidiano de su vida futura y el espíritu que iba a animar su obra. Los saltos peligrosos en las calles y plazas, las piruetas, las bromas, los bailes en la sinagoga –que, según me han contado, eran habituales entre los jasídicos por su voluntad de emoción espontánea– ¿no han marcado claramente al joven Chagall? El deseo jasídico de que el alma se eleve hacia Dios como una llama ¿no se ha hecho realidad en sus cuadros? El desprecio por el comportamiento razonable, considerado por los maestros jasídicos como un obstáculo al conocimiento de Dios, objetivo esencial de la cábala, ¿no ha sido expresado por el pintor hasta el punto de contrariar a veces incluso a sus correligionarios? A Nietzsche, que apreciaba tanto las cualidades del bailarín, no le habría sorprendido el extraño misticismo de Chagall, y seguramente habría saludado en él al primer artista que pintó como se baila. En este punto hay que citar el parecer de Aronson: «El dinamismo de Chagall es el del baile jasídico». Pero sería simplista, con la excusa del baile, de la desmesura y del dinamismo, o incluso del misticismo, hacer de Chagall un pintor derviche. No, el caso de Chagall, el hombre y el artista, es tan complejo que no se deja encerrar en ninguna definición estricta. En él, como en Gauguin, con el que ya lo he comparado, un sentimiento innegablemente religioso se suma a un sentido pánico de la vida; una revuelta emprendida desde la calidez del corazón contra el rigor de la ley y contra la tiranía de la razón va acompañada de un ahondamiento de la conciencia y del descubrimiento de un cierto tipo de bondad a la que se podría llamar generosidad fantástica. Todo esto, hay que decirlo o repetirlo, entra en la categoría del amor y sólo se explica por la profesión de la religión del amor. La cual, incluso antes de Dante y después de Éluard, fue y es una confesión poética.

En lugar de asombrarnos, nos parecerá normal y casi necesario que Marc Chagall, procedente de un antiguo misticismo judío, haya rendido a menudo homenaje a Cristo y a la crucifixión en los cuadros de toda su trayectoria. Él mismo se explicó sobre este punto con gran acierto: «Cristo –escribió– es un poeta, uno de los más grandes por la forma increíble, insensata, que tuvo de asumir su sufrimiento».

También señalaré que la crucifixión figura en varios cuadros de Chagall que tienen o que parecen tener por tema la revolución, esa revolución a la que sabemos que empezó brindando un apoyo entusiasta en la Rusia de 1918, y en la que tuvo durante algunos años un papel de primera fila. Al asociar Chagall poesía, crucifixión y revolución, ¿desea vincular de nuevo la fabulosa figura del «crucificado» rechazada por Nietzsche a algo universal, tanto por su actualidad como por su vitalidad?

Hace tiempo asistí en Cerdeña a una improvisación poética entre pastores medio bandidos que debatían cuál era el arma más eficaz entre la cruz, la espada y la pluma del escritor… Ahora pienso que se debería haber añadido una cuarta arma, el pincel del pintor Chagall.

II

Al exponer, o intentar exponer, un tema, más
vale no olvidar que uno también se expone a sí
mismo. Pienso, pues, que ha llegado el momento
de hacer una especie de confesión (o, si se pre-
fiere, de «autocrítica»), que tomará la forma de
una declaración de amor a Chagall. Tanto en las
artes como en la literatura, tanto en pintura como en poesía, sé muy bien que mis gustos son
innumerables, hasta el punto de parecer desor-
denados, y que he recibido el reproche de inte-
resarme por demasiadas obras a la vez. Si usted
admira esto, me decían, no puede admirar también aquello, no puede ser. Mi respuesta siempre
ha sido que me complace lo que me emociona
(criterio bastante afín a la estética de Tomás de
Aquino), y que no podría someter mi emotividad
a una teoría crítica preconcebida, según el mé-
todo de muchas mentes privilegiadas… El hecho
es que me gusta Chagall, lo reconozco, y como
me gusta, siento una honda satisfacción al escribir sobre él. Sí, se trata de una suerte de «debili-
dad» (como se decía), que proviene sobre todo
de la intensa e inmensa humanidad con la que

este pintor ha sabido dar forma a lo mejor de nosotros mismos abriendo su propio corazón como para proyectar su sangre generosa sobre el lienzo todavía virgen; se trata de una admiración basada en la ternura. Por otro lado, algunas obras son capaces de transportarme mucho más allá de la tierra que habitamos, hasta alturas o profundidades inauditas del macrocosmos o del microcosmos. Toda exposición de Kandinski, por ejemplo –otro ruso, en quien veo al artista más intelectual de este siglo–, tiene sobre mí un efecto parecido a una dosis de cocaína, a un aletazo de la gran águila blanca que quizás es la maestra del frío supremo, la princesa de la inteligencia pura… Sin embargo, no siento ni he sentido jamás ternura por Kandinski, mientras que el impacto emotivo, de ninguna manera inferior, que recibo a la vista de los cuadros de Chagall, se inscribe en la categoría del amor, porque la elevación que le debo alcanza lo sublime sin desprenderse de la escala humana. El autor del libro esencial entre todos los que se han dedicado a Marc Chagall, Franz Meyer, al cual expreso aquí mi vivo agradecimiento por el lúcido punto de vista que ha ofrecido sobre la obra del gran artista, ha tenido mucho antes que yo la idea exacta de lo que siento y quisiera compartir con los lectores, mientras ante sus ojos pasan las bellas imágenes de los cuadros reproducidos. Chagall, he aquí lo que importa sentir y comprender, es mucho más que el gran pintor hoy reconocido y admirado por todos; Chagall es, además, una especie de héroe de nuestro tiempo, porque su obra es una defensa, una iluminación y una predicación perpetuas del amor. Y no hay nada, en el mundo en que vivimos, que sea tan moderno como el amor, y en el naufragio en que vemos hundirse todos los demás valores sólo él sigue intacto, faro altivo que muestra a todos los recién llegados de buena ley el rumbo que tomarán, el camino (o el sentido) vital. ¿Se compartirá mi parecer si escribo que no hay otro artista, en estos casi tres cuartos de siglo, que haya tenido la magnífica vitalidad de Chagall? Lo desearía, ya que entonces nadie dejaría de ver lo que me parece una evidencia, a saber, que por la gracia del amor, en nombre del supremo amor, Chagall es de hecho el pintor más moderno de esta época. Muy joven, tomó la decisión de que su obra encarnara la amorosa voluntad de vivir que desde siempre habita en los muchachos y las muchachas sobre toda la faz de la tierra; hoy, con ochenta y seis años cuando escribo estas líneas, aún es militante del partido de la juventud; las generaciones venideras le estarán agradecidas cuando abran los ojos a la belleza, sea cual sea mañana la manera de pintar que esté en boga, ya que el modernismo de un arte que no ha dejado de encarnar la primavera resiste a todos los tiempos.

Se han citado, admirado y reproducido tantas veces los cuadros maravillosos (en el sentido más puro de la palabra) que pintó Chagall entre 1909 (*Ma fiancée aux gants noirs* [*Mi prometida con guantes negros*]) y 1927 (*Les amoureux aux fleurs, La mariée à double face, Les amoureux, L'écuyère* y *Le rêve* [*Mi prometida con guantes negros, Novios con flores, La esposa de dos caras, Novios, La jinete* y *El sueño*]), han sido tan contemplados y tan recordados, están en tantos libros y en tantas revistas, que uno se cansa de volver siempre a ellos y yo desearía que se me permitiera dejarlos un poco de lado, a pesar de su ejemplar magnificencia. Seguramente creemos que pertenecen más a la «vanguardia» que los que les han seguido, razón por la cual uno tiende a darles más importancia. Al parecer, es aproximadamente entre 1912 y 1924 cuando Chagall fue influido por las distintas corrientes de arte revolucionario que habían irrumpido en Europa y cuando un buen número de sus obras participan, más o menos, del orfismo, el cubismo o el futurismo. A propósito de esas obras, se ha debatido mucho sobre los grupos a los que había que asignarlas, y el consenso general es incluirlas mayoritariamente en el haber del cubismo, que siempre ha deslumbrado a los críticos debido a la evidente superioridad de los artistas que lo han practicado. No obstante, habida cuenta de que el cubismo, según Juan Gris, pretende sobre todo construir una arquitectura plana y colorida, y que además su espíritu es tan apolíneo como el del futurismo, por su dinamismo, es dionisíaco, me niego a dejarle apropiarse demasiado fácilmente los primeros cuadros de Chagall, que por su sentido orgiástico, por su agitación frenética, por su búsqueda de la simultaneidad y por su alegría resplandeciente se acercan más al futurismo, mientras que su sed de profundidad y de espacio los vincularía más bien al orfismo. Si Chagall hubiera sido más proclive a la teoría, más «intelectual», en fin, se habría convertido fácilmente en el gran pintor que les falta a los dos principales grupos futuristas, el italiano y el ruso. Felicitémoslo, felicitémonos, de que no haya sido así; alegrémonos de que Chagall sólo se haya entregado a experimentos realizados con pasión en uno y otro ámbito, y que nunca, ni por un momento, tuviera la tentación de dejarse reclutar o de situarse bajo la dominación de un sistema. Su originalidad, por suerte, era demasiado poderosa para que pudiera ser otra cosa que únicamente él mismo y seguir siéndolo toda su vida, bajo el doble signo de la juventud y del amor. Excepto por alguna diferencia casi ínfima de factura, los cuadros pintados por Chagall en 1972 y 1973 corresponden exactamente a los que pintó en 1912 y 1913, y sin embargo no son repeticiones, arden con un mismo fuego, tienen el mismo significado e incluso la misma escritura. Tal persistencia de la inspiración más elevada y más viva a sesenta años de distancia, tal fidelidad a uno mismo, parece un prodigio. ¿Hay que añadir que no podría citar otro ejemplo de nuestra época, y que deberíamos remontarnos a los grandes venecianos de antaño para encontrar una buena comparación? Aunque aquéllos solían pintar más copias que variantes de sus temas preferidos, lo que sugiere que la imaginación se les agotaba más rápido que a Marc Chagall.

Entre las obras del hombre en quien me complace ver al más naturalmente fantástico de los artistas de nuestro tiempo, hay un cuadro sobre el que quisiera llamar la atención porque lo encuentro del todo singular, más conmovedor que muchos otros. El cuadro está fechado en 1951, es decir, al comienzo de lo que se ha dado en llamar la época reciente; se titula *Les amoureux au poteau* [*Los novios del poste*], y responde a ese hermoso título con una especie de impulso que delata la inspiración más esplendorosa. La pareja esencial, los novios (y la cara de la mujer recuerda los rasgos de la compañera del pintor), están atados a un pilar de albañilería, o eso parece, que sostiene una bóveda al fondo de la cual hay un espacio oscuro; están atados de una manera extraña, curvados ambos hacia la derecha, el hombre detrás de la mujer y ésta con las manos en cruz, pero girada como en una convulsión, es decir que bajo los senos desnudos y las manos cruzadas aparece la desnudez de las nalgas en lugar de la del pubis, que imaginamos contra el vientre del hombre; una tela que prolonga la forma masculina cae a media altura de los muslos de la mujer y sugiere el velo rasgado del santuario. En la parte inferior del cuadro, el péndulo que tanto gustaba a Chagall evoca el tiempo (¿pasmado, parado?), mientras una barca cargada de fugitivos supera una ola que es la noche o la muerte. A la derecha hay una enorme e inmensa gallina blanca, que contiene y que delimita una pequeña ciudad rusa reventada, derribada y desparramada en la que podemos reconocer las ruinas de Vítebsk, patria del pintor. Corona la gallina desesperada un buey con cara de macho cabrío que figura en muchos lienzos de Chagall y en el que podemos adivinar una representación de los instintos o de los temores pánicos... Curiosamente, el cuadro que acabo de describir lo mejor que he sabido también me hace pensar en México; algo que creo poder justificar recordando que Pancho Villa ataba a los condenados a muerte para ahorrar municiones al utilizar una sola bala a través de varios cuerpos. Pero volveré sobre las relaciones de Chagall con México.

Tal cual es, como lo hemos visto en el Grand Palais y como lo volvemos a ver reproducido, este cuadro es uno de los más misteriosamente inspirados y de los más cargados de potencia evocadora entre todos los que debemos al pincel de Chagall. No conozco más versiones de él, lo que me sorprende un poco, dado su perfecto acierto y la vieja costumbre chagalliana de retomar los temas utilizados modificando o desplazando sus elementos a la manera de peones sobre un tablero de ajedrez. Su significado profundo lo vincula evidentemente con los desastres de la guerra; no es temerario interpretarlo como una glorificación del amor puesto en la picota y entregado a la tortura por las fuerzas del mal que trastornan el mundo; el amor supliciado, sin embargo, se confunde aquí de modo particularmente estremecedor con el eros carnal, que si rara vez falta en las obras del pintor no habla a menudo en ellas un lenguaje tan hiriente o ardiente, y a guisa de elogio diré de este cuadro que me parece el más erótico de los de Chagall, uno de los más trágicamente eróticos de todo el arte moderno.

En esta época (1951, 1952 y años sucesivos), el erotismo es absoluto, por otra parte, en la pintura de Chagall, un erotismo solar y mediterráneo del que quisiera subrayar la excepcionalidad añadiendo que Chagall, residente tantos años cerca del Mediterráneo, parece que sólo se rindió brevemente ante él por la euforia de aquel tiempo. Porque el clima mediterráneo, que es el más agradable del mundo, también es peligroso para los artistas, a quienes desarma a menudo al llenarlos de gozo; no estoy seguro de que Matisse y Picasso le hayan hecho un favor a su genio cediendo totalmente ante él. Sea como fuere, sin lamentar que haya sido tan corta, reconozcamos que la etapa mediterránea de Chagall es asombrosa, y que hacía falta un gran pintor y poeta como él, o estar loco, para osar unir el amor y el sol como en *Le soleil à Poros* [*El sol en Poros*] o *La barque et les deux poissons* [*La barca y los dos peces*], de 1952. Desde 1955, o incluso antes, la puesta de sol sobre el Mediterráneo, demasiado regia, le ha puesto fin, y Chagall ha vuelto a ser el pintor de la noche en pleno día, en otras palabras, del verdadero cielo del amor. Lo atestigua el admirable *Pour Vava* [*Para Vava*], en que el fantástico animal chagalliano, con algo de buey, de macho cabrío y de asno o caballo, lanza hacia el creciente dianesco un grito furioso que éste parece

42

tanto oír como ver y que cae como una bufanda de ternura sobre los hombros de la mujer amada, sobre el ramo florido ante su pecho. «Sólo pinto para pintar el amor», diríamos que nos dice Chagall. ¿Qué nos podrían decir que nos gustara más?

Noche en pleno día, decía; con no menos razón podríamos hablar de día en plena noche, ya que el tiempo de Chagall, sobre todo cuando pinta su tema preferido, el amor, es un tiempo ambiguo, dividido a partes iguales entre los dos astros que los antiguos «filósofos» ponían en pie de igualdad, tanto en el marco de la creación del mundo como para la elaboración de una gran obra. Contemplando los cuadros de Chagall, siempre he pensado en una visión alquímica del universo, tanto más original cuanto que creo que no es ni voluntaria ni claramente consciente. Y si repito, una vez más, que en el universo de Chagall el motor grande y potente alrededor del cual orbitan el sol, la luna y los demás planetas cantados por los poetas es el amor, todo empieza entonces a aclararse, de una manera que sería excesivo dar definitivamente por buena, pero de la que nos podemos servir con provecho para comprender un poco mejor el espectáculo organizado por el pintor. Sobre el circo, por ejemplo, en el que sabemos que durante toda su vida de artista Chagall se inspiró tanto como en la Biblia, lo que no es poco, recordemos que su espacio es circular y cerrado y que es análogo a un enorme crisol donde se exalta al hombre y a la mujer entre los animales, según reglas tradicionales, junto a rayos y fuegos que favorecen el nacimiento de una especie de milagro ilusorio. Los círculos de Chagall son grandes huevos donde crece el germen del amor hasta que una madurez explosiva proyecta sus formas múltiples como para fecundar los cuatro elementos, encrucijada de toda vida. La memoria me remite, mientras escribo, a la bella *Écuyère* [*La jinete*] de senos desnudos, de 1931, con un violín y un ramo entre la cabeza y el cuello del caballo; pero el cuadro del que al mismo tiempo observo una reproducción es el *Cirque bleu* [*Circo azul*], de 1950, muy erótico, mágico y fantástico, en el centro del cual se ofrece suspendida o se entrega una encantadora bayadera acróbata, dividida entre el pez azul que le acerca con una mano humana el característico ramo, el gallo azul, tamborilero viril sobre su pantorrilla desnuda, y el buey caballuno, verde en el azul de la noche, ante ella pero del revés, mientras retruena la orquesta debajo de un planeta singular donde el sol, al parecer, lleva el sello de un creciente de luna. No me admira menos *Le coq aux amoureux* [*El gallo de los novios*], de la misma época

(1947-1950), cuya imagen violentamente erótica no estaría nada fuera de lugar en una compilación de antiguos emblemas alquímicos. El tema, en este caso, es el acto de seducción carnal, desnudamiento y posesión de la mujer que se inclina y se abandona con el resplandor de una perla barroca bajo la transparencia del último velo, pero el lugar del acto se sitúa bajo el ojo enorme de un gran gallo, dentro del ala del gallo extendida como una ola o una cortina de llamas para envolver a la pareja que, literalmente, se forma consumiéndose. Encima, no menos enorme, está el ojo de la bestia chagalliana, híbrido de asno y de buey como sabemos, de cuyas mandíbulas cuelga una rama frondosa. Casi minúsculos, en el rincón superior izquierdo, la cara del sol, el creciente de la luna y la esfera de las horas nos orientan sobre el tema. Pero lo que hay que señalar, a mi juicio, y me encanta, es que el gallo grande evidentemente es solar con una fuerza que roza la brutalidad, pero la bestia, sin tanta certeza, es lunar, y que es de la conjunción de los dos grandes principios astrales que gobiernan la vida sobre la Tierra como sucede, mediante el fuego, la renovación del amor, vástago ardiente de su propio sacrificio. En la más sencilla *Femme à l'âne vert* [*La mujer del asno verde*], de 1955-1956, figura junto al acompañamiento habitual del creciente y del ramo una representación de Astarté inolvidable porque la gracia y la bestialidad están sometidas en ella a una fuerza de atracción semejante a la que causa las mareas, pero que, al revés de la luna nueva, en una tensión que resulta prodigiosa, las dirige hacia una figura apenas esbozada que es la de Cristo con los brazos abiertos por los clavos de su suplicio, encarnación en la que encontramos el amor fénix del cuadro que he descrito previamente. Y yo, que he dicho que me gustaba Chagall, me sorprendo de que me guste todavía más al encontrarlo siempre tan fiel a sí mismo, sin que se pueda apreciar ningún esfuerzo. Desde que toca el lienzo con el pincel, ¿no es una alegría comprobar hasta qué punto todo se encadena, lo tupida que está la trama desde su etapa gloriosa de antes de la Primera Guerra Mundial hasta estos tiempos, cuando nos separa aproximadamente un cuarto de siglo del año 2000? Una pregunta que me planteo a veces es si hubo en él cierta influencia de Joaquín de Fiore o si se da una convergencia espontánea con sus ideas sobre el tercer reino, que tenemos cierto derecho a equiparar a la era de Acuario, en la que hemos entrado hace poco y de la que a mi juicio Chagall podría ser el pintor titular. Sin querer llegar a una respuesta, recordaré que Chagall ha escrito sobre sí mismo: «Me gusta hasta cierto punto ser una sombra de un paraíso perdido». ¿Pensaba en aquel paraíso, evocaba al mismo tiempo la fauna indispensable en sus propios cuadros, al escribir también: «Las bestias no entran en quiebra»?

La expresión «paraíso perdido» sólo significa algo si se entiende en el sentido de la inocencia perdida, y en mi opinión los primeros libros del Génesis han iluminado al joven Chagall con esa luz, inseparable del amor y hacia la cual no ha dejado de mirar en lo sucesivo. Resulta esencial para semejante comprensión la inmensa presencia animal, la coexistencia pacífica de todos los animales, los herbívoros con los carnívoros, el averío del aire con los nadadores del espacio acuático, la reunión y la confusión de todo lo que cobró vida en los varios elementos y que no conoce todavía la necesidad de conservar esa vida a través del odio, el asesinato y la devoración. Es así, y no de otra manera, como el espléndido adjetivo «paradisíaco» recupera su valor y su virtud originales; lo podremos aplicar entonces a la obra que abordan estas páginas, donde el bestiario desempeña a menudo, y con razón, el más importante de los papeles.

Que yo sepa, ningún artista contemporáneo ha puesto en escena a los animales con tanto gusto o incluso pasión, con tanto ahínco y continuidad, y ha hecho que proliferaran tanto a lo largo de sus trabajos como Marc Chagall. Seguramente la primera representación importante, o una de las primeras que conocemos de este tipo después del gatito de *La kermesse* [*La kermés*], de 1908, es el cerdo de *La Sainte Famille* [*La Sagrada Familia*], de 1910 (cuadro que por cierto podría ser de 1909, si la fecha ha sido añadida posteriormente); pero es a partir de 1911, al mismo tiempo que la metáfora poético-pictórica, cuando la bestia irrumpe en la obra de Chagall, donde se convierte tanto en la compañera inseparable como en la inspiradora y la anunciadora de la presencia del hombre y de la mujer en el universo. Y es así hasta tal punto que después de 1930 no encontraremos casi ningún cuadro en que no haya como mínimo una bestia, que, para equilibrio de los reinos de la naturaleza, generalmente se acompañará de un ramo de flores. El bestiario de Chagall es relativamente sencillo, y si ha evolucionado, algo normal, a lo largo de sesenta años de abundante creación pictórica, es de forma bastante limitada. Entre todos sus representantes, el primero que hay que citar, al parecer, es el buey, con su doble hembra, la vaca, que vemos aparecer en obras de 1911, en un *gouache*, *La vache dans la chambre* [*La vaca en la habitación*], y varios cuadros, *La chambre jaune* [*La habitación amarilla*] o

Intérieur II [*Interior II*]. ¿El origen de estas figuras de bóvidos debería buscarse en el punto de partida del Nuevo Testamento, el establo legendario de Belén? No es imposible, especialmente porque Chagall ha pintado frecuentemente el segundo animal que la tradición ha situado al lado del pesebre, el asno, junto a su congénere más grande, el caballo, del que no siempre se distingue claramente. A éstos hay que añadir la cabra –con su macho, el cabrón, y su cría, el cabrito–, ya que entra bastante a menudo en el curioso juego de híbridos al que se entrega Chagall cada vez más fácil y hábilmente a medida que se acerca a la época reciente, para llegar a esa especie de mestizo de tres especies que he llamado el animal chagalliano y que rara vez falta en su última producción. Seductor como es, su encanto reside sobre todo en el hocico y en el ojo, y diríamos que se divierte tanto como el pintor en despertarnos la curiosidad de si son orejas de pollino o cuernos de vaquilla o de chivo los que dominan el pelo rizado de su cráneo. No deja de tener relación con la criatura extraña y mística a la que los alemanes llaman *Mondkalb*, ternero de luna, y que entra en la categoría de la «nostalgia». No creo equivocarme escribiendo aquí que Marc Chagall es probablemente el adepto más sincero y el usuario más importante de la máscara que podamos encontrar en la historia del arte y de la literatura modernas. Sus animales, ante todo, son máscaras de animales, creadas por él mucho más que sacadas de la zoología natural y, por derecho de creador tanto como por ebriedad de jugador, se complace en mezclar sus rasgos característicos y revestirlos de colores sobrenaturales. Al hacerlo, ensalza el espíritu de cada animal como podría hacerlo un brujo de África o de Oceanía, y dota a su cuadro de poder de una forma bastante comparable a lo que se hace o a lo que se intenta hacer en una operación mágica. Pero ya he dicho que la pintura de Chagall es el ejemplo mismo del arte mágico. Volviendo a la bestia, y a la máscara de bestia, es indispensable recordar un cuadro de 1911, el muy célebre y muy justamente admirado *À ma fiancée* [*A mi novia*], del museo de Berna. Como en una carta de tarot que reventara, todo se hace trizas, sale volando o se precipita alrededor del rey rojo enmascarado con una cabeza de buey o de toro, que parece reír diabólicamente mientras lo envuelve la figura convulsa de la reina… En este caso la máscara, instrumento de magia, lleva la poesía de la pintura al grado más ardiente, y el recuerdo de una imagen tan suprema permite comprender mejor otros cuadros que van por el mismo camino sin quizás adentrarse tanto en él.

En cuanto a la cabra, unida en mi discurso a las figuras de bóvidos y équidos, citaré un cuadro mucho más reciente y que representa el amor en una atmósfera extrañamente nervaliana, con una gracia tan delicada y alta que la palabra *magia*, también en ese caso, cae directamente de la pluma. Se trata de *La nuit d'Orgeval* [*La noche de Orgeval*], de 1949.

En la parte de abajo de este lienzo se ve a la amante blanca, recostada con su velo de casada que también es la sábana del lecho, y el amante, encima de ella, recuerda a un joven poeta romántico, azul como la noche lunar que azula la iglesia del pueblo al fondo, pero la pareja está dominada por la confrontación de un ángel verde y una cabeza de cabra amarilla, aparecida como por sortilegio en el seno de un enorme ramo (arbusto) de flores, que un violín, un arco y una mano vuelven misteriosamente melodioso. El acierto singular de esta figuración del amor reside en la oposición superior del ángel y la bestia con cuernos, del verbo angelical y la música pánica que parece que podamos oír en el silencio de la noche azul. ¿No reúne todo amor una parte angelical y una parte demoníaca? Ante esa pregunta, formulada por el pintor, se sobreentiende la respuesta sin posibilidad de equivocación; se expresa musicalmente y corresponde exactamente a todo lo que de *Così fan tutte* al *Requiem*, pasando por el incomparable *Don Giovanni*, constituye el mensaje de Mozart.

Un poco distintos son los papeles del asno y del caballo, que a partir de 1924 habitan la pintura de Chagall con una constancia tan fuerte hoy en día como hace años o en la época inicial. Con la vaca y el buey, sus predecesores, expresan en primer lugar una especie de calor animal, que es pariente cercano del calor afectuoso que el niño descubre en el entorno familiar y que cambiará a ardor natural cuando el amor lo haya llevado a las dimensiones del universo; luego, de una manera que me parece más poética y personal, el caballo recibe la misión de aliarse o de oponerse a la mujer para expresar o bien el impulso (el salto) del deseo del hombre hacia el cuerpo carnal de aquélla, o bien la ola de turbación violenta de ésta, que es su respuesta al deseo del hombre. Me parece, pues, que el caballo en la obra de Chagall predominantemente forma parte del ámbito erótico. ¿No define, por otra parte, al personaje de la jinete, que representa el principal papel de esta enorme *commedia dell'arte* en la que no tiene rivales en el favor del director, aparte de la pareja de novios? Abundan demasiado para enumerarlos los cuadros titulados *L'écuyère* [*La jinete*]. Pero uno de los primeros, que siguió de cerca a la gran *Acrobate* [*Acróbata*] con la pierna levantada del todo sobre el caballo florido, es un lienzo de 1927 donde la jinete literalmente se funde o se aparea con la bestia en una postura llena de lubricidad que también sugiere la formación de una centáuride. Ya he hablado de la seducción de *L'écuyère* [*La jinete*] con los senos desnudos de 1931. En el *Cantique de Salomon II* [*Cantar de Salomón II*], de 1958, es de nuevo una jinete, pero angélica y nupcial, quien sobre un caballo alado traza en medio del cielo la pista del amor. En *La parade au village* [*Desfile en el pueblo*], de 1964, es un caballo circense el que entrega al hombre una jinete reducida al papel de esclava, cabizbaja y atada de brazos, cuyos pies sobresalen del vestido de esposa o bailarina. Y los cuadros recientes que van por el mismo camino avanzan con una violencia de color que sugiere el orgasmo, como *Bouquet et cirque rouge* [*Ramo y circo rojo*], de 1960, donde una jinete desnuda se entrega al abrazo delante del costado de su caballo y reclinada en un diván carmesí, o bien *L'oiseau soleil* [*El pájaro sol*], de 1969, particularmente notable por la pose de la jinete tumbada debajo del gallo astral y a lomos de un caballo fabuloso al que los tres ojos laterales emparentan tanto con ciertas ilustraciones cabalísticas como con la lamprea fluvial, pez denominado vulgarmente en francés *sept-trous* ('siete agujeros') y *sept-oeil* ('siete ojos') y suculento con ragú de puerros al vino de Burdeos. Una comparación con *Le rêve* [*El sueño*], de 1927, donde un asno con cara de conejo sostiene el éxtasis de una hermosa muchacha de pecho desnudo, en un mundo al revés, donde los árboles cuelgan del cielo con la copa hacia abajo, demuestra la inspiración erótica de tales obras. Es interesante constatar que el cerdo, presente al principio, se vuelve cada vez más infrecuente después de *L'auge* [*El comedero*], de 1925, y *La femme aux cochons* [*La mujer de los cerdos*], de 1929. Una repugnancia basada quizás en la tradición mosaica, aunque los rasgos del animal impuro a veces se mezclan con los del buey, el ternero, el asno y el caballo para constituir la figura de «la bestia» por excelencia, violentamente colorida, espejo, complemento o contrario del hombre o de la pareja de hombre y mujer.

Pasaré ahora al gallo, y a su doble inferior, la gallina, para los que hay que esperar a la época de 1928 y años sucesivos si queremos encontrar en la pintura de Chagall figuraciones notables, que se harán cada vez más numerosas e imperativas a medida que nos acerquemos a la actualidad. El gallo, como toca, es viril, luminoso y solar, lo que no impide que aparezca a menudo en escenas nocturnas, donde es deslumbrante igual que una llama y brutal como un quiquiriquí soltado antes del amanecer. En la mayoría de las primeras representaciones, como *Sur le coq* [*Encima del gallo*], de 1929, sustituye al caballo para llevarse a la mujer o a la hija enamorada al hermoso país del placer; luego creo que el pintor se prendó de él de tanto representarlo, y entonces, como en *Les mariés de la Tour Eiffel* [*Los recién casados de la torre Eiffel*], de 1938-1939, se pone a dirigir el juego nupcial, o como en *Le coq rouge* [*El gallo rojo*], de 1940, a encarnar toda la acción de una escena donde el hombre que vuela en el cielo y el asnito violinista bajo el árbol sólo son comparsas simbólicos, o como en *Le jongleur* [*El malabarista*], de 1943, a transformarse en un dios o un demonio danzante, amo del tiempo y creador o soberano del cosmos. Igual de formidable se afirma en *Le coq mexicain* [*El gallo mexicano*], de 1943; en cuanto a *En écoutant le coq* [*Al escuchar el gallo*], de 1944, es la celebración de su triunfo en medio del fuego que cuece el huevo astral, bajo la vaca que está en el cielo con pecho de mujer y una cabeza doble, a semejanza de las dos caras de la pareja. Ya he dicho, a propósito del *Coq aux amoureux* [*El gallo de los novios*], cómo nos inducía a encontrar en la pintura de Chagall referencias a la alquimia, que tal vez sólo son ilusorias. Otro gallo prodigioso es el de *Le traîneau volant* [*El trineo volador*], de 1945, en el que la Madona roja, al lado del cochero verde, arde en la noche, encima de la ciudad nevada, con un resplandor que no es propio sino de la revolución de los pueblos o de los astros.

El león, en la pintura de Chagall, es episódico; y otro tanto podríamos decir de la rana, incluso asociada a los toros, y de algunas figuras zoomorfas que son como los restos de la ilustración de las *Fábulas* de La Fontaine. Muy al contrario, el pez es una forma animal que el pintor ha usado amplia y prolongadamente, y a la que ha dado colores tan brillantes como para que podamos colocarla entre sus visiones preferidas. Al aparecer inicialmente, en los primeros dibujos, el pez sólo tiene rango de objeto alimenticio, así como de homenaje o alusión al oficio del padre del artista, que vendía arenques. En 1919, sin embargo, se le dignifica elevadamente en un cuadro justamente famoso, *Le temps n'a point de rives* [*El tiempo no tiene orillas*], que nos lo presenta en medio del cielo y provisto de un par de vistosas alas, vinculado con el consabido péndulo y un violincito, encima de un abrazo amoroso y un río. A partir de este cuadro bastante importante, el pez vuelve a aparecer a menudo, pero siempre, o casi siempre, con la función de expresar una curiosa inversión elemental y volver aéreo lo que es naturalmente acuático. Sin perder su papel de símbolo viril, nítidamente representado varias veces en las escenas eróticas y cuando se opone al ramo femenino, como en *Le poisson volant* [*El pez volador*], de 1950, es lunar por la relación con la marea, y un sorprendente cuadro, *Autour de Vence* [*Alrededor de Vence*], de 1955, lo hace salir de una titánica Madona y sostener en medio del cielo el tiempo y el amor divino en forma de un reloj con Cristo de péndulo, asociación que rememora un poco la historia de Isis. Quizás designa simplemente la vida, una preocupación perpetua del artista. En las obras de la época de Poros, como *L'île de Poros au poisson* [*La isla de Poros con un pez*] o *La barque et les deux poissons* [*La barca y los dos peces*], de 1952, surge verticalmente del suelo o del mar a la manera de un cohete. Por último, en otros cuadros del periodo más reciente, la cola del pez se une a un torso de mujer o a un pecho de cabra para producir híbridos que algunas mitologías ya nos han propuesto, pero que deben ejercer un hechizo indudable sobre la fantasía de Chagall si nos basamos en otras mezclas monstruosas en las que le ha apetecido incluir la forma humana y todas las demás formas de su bestiario.

Entre estas bellas figuraciones monstruosas, ¿se me permitirá incluir la forma angélica, que

Chagall ha utilizado más que ningún otro artista de nuestro tiempo? La pregunta que me planteo no es insolente, ni siquiera impertinente, como se podría pensar, y no se me escapa la importancia que la religión mosaica da al ángel, especialmente al fascinante ángel exterminador, de cuya espada caerán las tres gotas fatales necesarias para la muerte natural de todo creyente, y asimismo al ángel bueno que atrapa el alma que el éxtasis místico (¿de los jasídicos?) puede hacer salir del cuerpo… Sea como fuere, sin entender exactamente que Chagall pinta los ángeles igual que pinta las bestias, me parece que, en toda su obra, aquéllos tienen en su lugar en el lienzo y en sus relaciones con los hombres una actitud, una función y un papel muy cercanos a los de las criaturas animales (lo que, añado con una sonrisa, no sólo me gusta, sino que me arrebata). Además, cuando se les humaniza más que animaliza, lo que no es infrecuente, su apariencia es carnal, incluso sensual, mucho más que espiritual. Una de las primeras representaciones que me viene a la memoria de estos seres o de estos espíritus ambiguos está fechada en 1917: es *Le mariage* [*El matrimonio*], cuadro por otra parte bastante realista y con una composición geométrica particularmente acertada. *L'Ange* [*El ángel*], de 1921, es a primera vista una mujer, como el que en *Les ma-*

riés de la Tour Eiffel [*Los recién casados de la torre Eiffel*], de 1928, revolotea hacia los novios para ofrecerles un ramo, incitación a acariciarse como lo hacen con sus follajes opuestos los árboles horizontales en el cielo. Bastante a menudo, el ángel es un doble o un reflejo del artista, como en *L'ange à la palette* [*El ángel de la paleta*], de 1926. Pero ahora querría citar uno de los cuadros más fantásticos y más puramente maravillosos que debemos a Chagall: *La chute de l'ange* [*La caída del ángel*], esbozada primero en 1923, luego en 1933 y acabada en su versión definitiva en 1947. Visión catastrófica donde las haya, caída de la historia, caída del tiempo quizás, ante el ojo de la bestia luciferina está el caballo amarillo, que establece un vínculo triangular con el planeta amarillo rodeado de halo y el ojo blanco del gran ángel precipitado; y cuesta liberarse de ese vínculo, de tan implacables como son las relaciones de líneas y de colores. El ángel es como una inmensa mujer alada, roja, con uno de los rojos más espléndidos que haya salido de la paleta de Chagall, y el pecho opulento, los hombros y los anchos muslos parecen proclamar toda la sensualidad del universo, incendiada para arrojarla al abismo. Más recientemente, en *Pâques* [*Pascua*], de 1968, un gran ángel con una hermosa desnudez femenina domina una vasta visión cósmica que, sin inspirar el miedo de la anterior, no es tan tranquilizadora como su título sugeriría. También amarilla, pero esta vez bóvida, la bestia luciferina se enfrenta gravemente con el ángel. Y la interpretación del mecanismo astral conserva el misterio.

¿Nos acordaremos de que en el cristianismo del primer milenio el ángel representaba a Mateo como a los otros tres evangelistas el león alado, el ternero (a veces crecido a toro) y el águila? El punto de vista de Chagall seguramente es ajeno a ese simbolismo piadoso, pero su figuración se acerca a menudo a las imágenes que de él conservan los mosaicos, los frescos y los relieves de las iglesias bizantinas y románicas.

En cuanto a su simbolismo propio, me limitaré a escribir que, aunque ya he dicho que veía en Chagall al pintor poeta por excelencia y al artista más místico a la vez que más erótico de este siglo, estoy tentado de añadir que su obra me parece la más ricamente simbólica de nuestra época. Sin embargo, he utilizado demasiado el superlativo, y Félix Fénéon, que no he tenido la suerte de conocer pero que es una de las pocas mentes de las que temo el juicio póstumo, me habría reprochado ese abuso… Además, por los propios límites fijados a su espacio, mi estudio sólo puede ser sumario, y son varios tomos gruesos y años de trabajo los que habría que dedicar a una cuestión como la del simbolismo de la pintura de Chagall, donde todo es mucho más abundante y complicado de lo que de entrada pensaríamos, un poco a la manera de la obra del Bosco, más comparable de lo que parece a la de Chagall. Este último, por otra parte, se ha expresado bastante vehementemente, varias veces, sobre la cuestión que nos interesa. «Juzgadme por la forma y el color, por la visión del mundo, y no por los símbolos aislados», he aquí lo que ordena, por ejemplo, a los espectadores, futuros críticos de sus cuadros. También dice: «Uno nunca debe hacer un cuadro *a partir* de símbolos»; «Una obra de arte plenamente auténtica posee automáticamente su simbolismo, como es el caso en Klee, en Grünewald o en Mozart»; «Uno no debe partir del símbolo, sino llegar a él: el simbolismo es inevitable». Y por último (con una expresión en la que creo encontrar el lugar geográfico de su nacimiento): «Mi poesía es inesperada, oriental, suspendida entre China y Europa, pero no hay que subrayar incesantemente su simbolismo». En estas citas (tomadas del gran libro de Franz Meyer, al que, para más información, me complace remitir al lector), Chagall nos habla con demasiada autoridad para que no sigamos sus consejos, o para que no obedezcamos sus órdenes. Simplemente querría poner de relieve con qué parentesco de espíritu, en este punto como en otros, Chagall se muestra precursor del surrealismo. El papel del automatismo está aquí claramente reconocido. En cuanto a esa poesía «inesperada, oriental, suspendida entre China y Europa», la expresión hace pensar en la prosa de 1924 de *Apuntar del día*, donde André Breton exclamaba espléndidamente: «Oriente, Oriente vencedor, tú que sólo tienes valor de símbolo, ¡dispón de mí, Oriente de ira y perlas!». El simbolismo de Chagall es en primer lugar el resultado de una transferencia natural, casi involuntaria, debida sólo a la inspiración, del sentido literal y del conocimiento realista de lo que le pasa por la cabeza pintar, a un sentido figurado y a una representación transfigurada que pertenecen al ámbito de la imaginación. En otras palabras, en el arte de Chagall me parece que la metáfora está en flor por todas partes y que el símbolo será su fruto o su grano, pero que es hacia el florecimiento donde van la ambición y la atención del pintor. Puesto que la metáfora, pictórica o poética, es un fin en sí misma. A modo de ilustración, tomaré, del pasado lejano y del reciente, dos poetas, Cyrano de Bergerac y Saint-Pol Roux, que se cuentan entre los más prestigiosos usuarios de la metáfora que conozco en francés, y citaré de cada uno una imagen, que se encadena con la otra. «El universo es una tarta que el invierno, ese gran monstruo, azucara para tragarla», escribió el primero; y el segundo: «La naturaleza me recuerda a una negra en camisa, empolvada de escarcha». ¿No es un poco de esta manera como en su floración inteligente y tornasolada procede la pintura de Chagall, pintura libre (igual que decimos «pensamiento libre») donde la haya, pintura de inspiración y de construcción psíquica mediante la cual una cosecha de símbolos madura sobre la vegetación metafórica, mientras en ella se rejuvenecen y se renuevan infinitamente los viejos mitos judíos y rusos? Seguramente. Y como prueba de que en estos mitos que acabo de mencionar, que han mecido la infancia de Chagall, está profundamente arraigado el simbolismo de su arte, me remito al *Hommage à Apollinaire* [*Homenaje a Apollinaire*], de 1913, con los dos pequeños *gouaches* y los esbozos que se han conservado de su elaboración, trabajos cuyo punto de partida es notable, ya que se trata de la noción cabalística del hermafrodita original. Las obras de estos últimos años no serían menos convincentes, casi es superfluo escribirlo.

Hoy en día, cuando Marc Chagall habla de su pintura, algo que quizás hace de más buen grado y con más elevación que la mayoría de los artistas, no tarda demasiado en emplear una palabra que sorprende un poco la primera vez que se oye: *química*. ¿Qué quiere decir exactamente con ese término, cuya aparición en su vocabulario se remonta en torno a 1950? A este propósito, Franz Meyer escribe: «Si Chagall quiere designar con él todo lo que el artista hace con la materia, es pensando mucho más en las modificaciones *microscópicas* que en la construcción *macroscópica*». No contradiré esta opinión refiriéndome, una vez más, a la alquimia, en la que veo una hermana mayor de la pintura moderna o, como mínimo, de todo lo que hay de esencial en la pintura moderna y, en nuestro caso particular, una especie de filosofía secreta de la pintura de Chagall. Hoy hemos dejado de ignorar la importancia concedida por los antiguos alquimistas al hecho del color, y los comentarios que en sus trabajos de laboratorio acompañaban la larga búsqueda del tono puro y del color virgen, anunciadores de la buena vía, o incluso del éxito definitivo. Sabemos igualmente que la filosofía de los sabios consistía tanto en la depuración y en la transmutación psíquicas del adepto como en las materiales del cuerpo o cuerpos puestos a prueba en el atanor, lo que vale decir que no había, que no hay, separación entre el ámbito material y el espiritual. En cuanto a la «microscopía», ¿no está superada por las investigaciones actuales de Chagall como lo fue antaño por las de los alquimistas, que obraban, claro está, por debajo del átomo, sobre partículas de corpúsculos todavía más ínfimas que las que los físicos del CERN, en las afueras de Ginebra, hacen arremolinarse? ¿Al poeta que tuvo el don de pronunciar y de escribir la fórmula maravillosa de la alquimia del verbo, no podemos unir al artista que pone en práctica la alquimia de la pintura? Preguntas todas ellas a las que no me molestaría responder, si me las hicieran, mientras tengo en la memoria el recuerdo brillante del lienzo de 1953 titulado *Les toits rouges* [*Los tejados rojos*], obra más alquímica que otras, quizás, por la cristalización de rojo sublime que se encarna en la salutación angélica del pintor a su doble con el ramo de flores, hermafrodita como por reflejo, bajo el profeta con la Torá delante del astro amarillo rodeado de un halo rosa suave. Elaboración y sublimación del color con el fin de llevarlo por encima de la materia pictórica de un modo en cierto sentido oculto, angélico (si preferimos las categorías teologales), incomprensible e inexplicable para el ojo del profano; he aquí, pienso, lo que es la «química» de Chagall. Si él nos dice que tiene algo de contacto con esa química cuando escucha la música de Mozart, cuando contempla los cuadros de

Claude Monet, me parece que nos entendemos más allá del lenguaje. Los alquimistas, que sabían de qué hablaban, acertaban al no utilizar la palabra *milagro*; así que yo tampoco la utilizaré, aunque evidentemente esté pronta a deslizarse por aquí; es una palabra que habría indispuesto a Fénéon y que debería avergonzar a los ángeles; no podría encajar con la transmutación magnífica, operada por el espíritu y por la mano de Chagall, de los tejados de Vítebsk de su lejana infancia a las orillas del Sena y las torres gemelas de la catedral de los filósofos. Recordemos sin embargo el simbolismo alquímico de las bodas del sol y la luna. Trasladadas al terreno de la pintura, hay que reconocer que esas bodas no han dejado de celebrarse en cada cuadro de Chagall, desde los primeros días hasta los más recientes, y que la materia del artista debe su extraño esplendor a la duplicidad planetaria de la luz que la ilumina. Demasiados pintores han sido o son únicamente solares. La armonía de Apolo y Diana es difícil de alcanzar, tanto como el raro apareamiento del león y la tigresa. Pero bajo sus auspicios se cuece la magia; el pintor recibe los beneficios de la química triunfal. Para ilustrar una vez más su obra, señalaré a sus admiradores una novela de nuestra época donde la intriga y la escritura, bajo el efecto de una luz igualmente ambigua, se hallan en fraternidad singular con su fantasía y el juego de su pincel: una novela dianesca, desde luego, *La piedra lunar*, publicada en 1939 por el italiano Tommaso Landolfi; la única novela chagalliana que conozco...

Hablaré ahora brevemente de México, país que parece ajeno a mi propósito, pero donde, como sabemos, Chagall hizo una estancia durante el verano de 1942, en ocasión de *Aleko*, ballet producido en México con decorados y vestuario suyos. Es bastante interesante y divertido constatar que, mientras que los Estados Unidos no marcaron casi nada su pintura, que en Nueva York o en Cranberry Lake es continuamente rememorativa de Vítebsk o de París, Chagall encontró en México el lugar por excelencia de su inspiración americana. Dan testimonio de ello numerosos cuadros, pintados generalmente después del regreso a los Estados Unidos, pero donde los recuerdos mexicanos siguen brillando con tanto fulgor como los del Viejo Continente. ¿Hay que citar la *Crucifixion mexicaine* [*Crucifixión mexicana*], *Au Mexique* [*En México*], *Le coq mexicain* [*El gallo mexicano*], *La guitare endormie* [*La guitarra dormida*], *Le coq rouge et vert* [*El gallo rojo y verde*] y tantos más? Seguramente. Sobre todo, hay que entender que en México Chagall se sintió en un país chagalliano por los hombres y las mujeres, por las bestias y por la tierra; hay que darse cuenta de que en ese gran país donde la desmesura es la regla natural en todas partes, en la vida misma y en todos los colores de la vida y hasta en los de la muerte, el pintor encontró la sobriedad y la máscara llevadas una y otra hasta los extremos absolutos. Me pregunto si en esa especie de patria ideal reconoció algo que su pintura, a sus espaldas, había definido hacía tiempo. En todo caso, me parece que es en México donde la alquimia de su color se benefició de la llama más abrasadora, porque hubo un cambio bastante nítido en su paleta después del verano que pasó allí, y en los grandes cuadros más ardientes que pintó ayer y que pinta hoy los rojos y los rosas no se teñirían de púrpura tan victoriosamente si no se nutrieran de remembranzas de sus visiones mexicanas.

Chagall tuvo en México un éxito colosal, que muestra que los mexicanos, por su parte, debieron verse reflejados en él. En Europa, en los Estados Unidos, se aprecia la pintura de Chagall, se la admira mucho o apasionadamente, pero no se sigue demasiado su ejemplo, y siempre me ha asombrado encontrarme aquí y allá tan poca progenie chagalliana. Es en México, y luego en Cuba y en otros países de América Latina, donde reconocemos a menudo que los jóvenes pintores han sabido mirar a Chagall y han recibido su influencia. De estos últimos sólo nombraré a uno, el mexicano Toledo, del que he escrito varias veces que lo consideraba el artista más genialmente dotado de su generación. Una comparación entre su fauna, o su zoología, y las de Chagall tendría interés en más de un sentido; igual que entre el erotismo del primero y el del segundo. También pienso que el predominio del mito en la inspiración del artista es un punto común básico entre Chagall y los mexicanos. Por el mito y por el ritual, la Candelaria mexicana está muy cerca de la iluminación legendaria que la Biblia y las antiguas tradiciones rusas han dado a la pintura de Chagall, en la que, por mucho que se haya dicho, las aportaciones del Mediterráneo y de las culturas llamadas clásicas parecen bastante débiles.

He referido, al principio de este libro, el amor que siento por el arte de Chagall y cómo exige con autoridad mi admiración; no se me escapa que no lo amaría ni admiraría tanto, quizás, si las fuentes de la obra que he tomado en consideración no fueran hebrea y rusa con tanta violencia y tanta pureza. Porque Chagall es tan prodigiosamente ruso como inmensamente judío; es judío y es ruso con una fuerza y una potencia profunda que revientan, literalmente, los ojos de los espectadores. Amamos muchas cosas en los judíos y en los rusos. Entre otras, subrayemos la importancia antaño concedida por el pueblo judío a la mujer, que en la Biblia se nos muestra múltiples veces heroína, enamorada o inspiradora, y que no encontramos rebajada sistemáticamente al rango de hembra como en numerosas tradiciones tanto orientales como occidentales. En cuanto al pueblo ruso, limitémonos a recordar que ha hecho la revolución capital de este siglo, lo que habría asombrado a Marx y basta para valerle a Rusia el predominio en la historia contemporánea. Pues bien, la pintura de Chagall es una apología iluminada de la mujer, espiritualmente afín a los libros de la Biblia que tan altamente ha ilustrado en varias ocasiones. Y eso no es todo. Me parece que en la tela titulada *Russie* [*Rusia*], de 1912, el vigoroso niño que se encuentra en el vientre de la patria embarazada anuncia curiosamente la revolución; me parece que ésta aparece anunciada no menos curiosamente en varios otros cuadros de la misma etapa que muestran el desorden reinante, la exaltación del pueblo y que Marc Chagall tendrá entre sus títulos el de haber sido el genial visionario de la renovación social. La culpa de que ese título no haya sido reconocido en su país natal es seguramente del materialismo bolchevique, y es una lástima.

Pero la renovación grande y pura, la de la súbita primavera rusa que provoca el socavamiento de los ríos helados, el tirón de la flora, el delirio de la fauna y que, según la expresión de la que ya me he servido, lo hace saltar todo por los aires, inspira y mueve la pintura de Chagall como hace sesenta y tantos años.

El arte del pintor, a través de la primavera del amor universal, se ha identificado con la vida, e incluso en sus celebraciones más dramáticas lo que produce a los ojos es una fiesta. Sin reservas, agradezcamos a Chagall que sea así y que nos dé semejantes regalos.

ISBN: 978-84-128073-2-5

Composición: RPS Grafic

Impreso en Romanyà Valls

Depósito Legal: B. 6243-2024